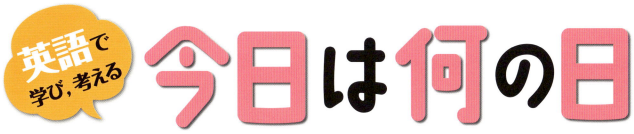

英語で学び, 考える

今日は何の日
around the world

世界のトピック
4月 5月 6月

この本を手にしてくれたみなさんへ

　みなさんは,「今日はなんの日かな?」と思うことがありますか? ふだんはあまり気に留めることがないかもしれませんが, 1年のどの日も, 世界中の人々が生きてきた過去の歴史が刻まれた記念日です。この本では, そうした記念日を,「平和」「人権」「環境」「異文化理解」の4つの観点で選び, トピックとして取り上げています。トピックから見えてくる課題について, 考えたり, 友達や家族と話し合ったりして, 自分にできることを探してみましょう。それは小さなことかもしれませんが, きっと世界をよりよく変えていくことにつながるでしょう。

　世界には数多くの言語があります。どれも同じように学ぶ意義がありますが, みなさんが, 世界のさまざまな国の人々とともに, 同じ課題に向かって行動するときには, 英語がとても大きな助けになります。この本に取り上げたトピックについて考えながら, 楽しく英語を学んでください。みなさんにとって英語を学ぶことが, 自分を成長させるだけでなく, 世界を知り, 世界を変えていく第一歩になることを願い, この本をつくりました。今日はなんの日かを知ることで, みなさんの世界へのとびらが大きく開かれますように。

町田淳子

光村教育図書

Contents 目次

- 英語の音の示し方 ……………………… 3
- **How to Use** この本の使い方 …………… 4
- **Vocabulary for Calendars** カレンダーの言葉 …6

April 4月 …………… 8

- **2nd** 2日 **International Children's Book Day** …10
  国際子どもの本の日 [異文化理解]

- **6th** 6日 **International Day of Sport for Development and Peace** …12
  開発と平和のためのスポーツの国際デー [平和]

- **22nd** 22日 **International Mother Earth Day** …14
  国際マザーアース・デー [環境]

- **23rd** 23日 **English Language Day** …16
  英語デー [異文化理解]

May 5月 …………… 18

- **3rd** 3日 **World Press Freedom Day** …20
  世界報道自由デー [人権]

- **15th** 15日 **International Day of Families** …22
  国際家族デー [平和]

- **21st** 21日 **World Day for Cultural Diversity for Dialogue and Development** …24
  対話と発展のための世界文化多様性デー [異文化理解]

- **22nd** 22日 **International Day for Biological Diversity** …26
  国際生物多様性の日 [環境]

June 6月 …………… 28

- **8th** 8日 **World Oceans Day** …30
  世界海の日 [環境]

- **12th** 12日 **World Day Against Child Labour** …32
  児童労働に反対する世界デー [人権]

- **20th** 20日 **World Refugee Day** …34
  世界難民の日 [平和]

- **23rd** 23日 **United Nations Public Service Day** …36
  国連パブリック・サービス・デー [人権]

- **My Calendar** 自分だけのカレンダーを作ろう！ …38
- **Let's think!** の答え …………………… 40
- **Take Action** 行動できる地球市民になろう …41
- **Teaching Guide** この本を指導にお使いになる方へ …42
- **Word List** 言葉の一覧 ………………… 46

英語の音の示し方

外国語を学習するときには、正しい音声を知ることがとても大切です。そこでこの本では、英語の上に読み方の手がかりとなる片仮名を示しています。太い文字は、強く読むところです。日本語にない音は、平仮名で表したり、軽く音を出すところは小さい文字で表したりして、できるだけ英語の音に近い読み方になるように工夫して示しています。

太い文字について	強く読むところを太い文字で示しています。	[例]  スタムプ **stamp**　イッツ It's ハード **hard** トゥ to ヒア **hear**.

日本語にない音や特に注意が必要な音について

th

舌先を歯で軽くはさむようにして息だけを出す音を、平仮名の「さ・す・せ・そ」で示しています。

[例] サンク **thank** ユー you　テンす **tenth**

同じようにして声を出す音を、平仮名の「ざ・ず・ぜ・ぞ」で示しています。

[例] ずィス **this**　ざ **the**

f と v

下くちびるの内側に軽く上の歯をのせ、すき間から息だけを出す音を、平仮名の「ふ」で示しています。

[例] ふぁミリ **family**　ふぁイア **fire**

同じようにして声を出す音を、片仮名の「ヴ」で示しています。

[例] ハヴ **have**　ムーヴィ **movie**

l と r

上の歯ぐきに舌先をおし当てて出すラ行の音を、平仮名の「ら・り・る・れ・ろ」で示しています。

[例] れッツ **Let's**

口を「ウ」の形にしてから舌をどこにもふれずに言うラ行の音を、片仮名の「ラ・リ・ル・レ・ロ」で示しています。

[例] ゥレッド **red**

※特に、語の始めに来るときは、「ゥラ・ゥリ…」と示しています。

ds

日本語のツをにごらせて出す音を、「ヅ」で示しています。

[例] ワ〜ッ **words**　ふレンヅ **friends**

のばす音を表す「〜」について

舌を後ろに巻きこむようにしながらのばす音を、「〜」で示しています。

[例] バ〜すデイ **birthday**　ワ〜るド **world**

小さい「ッ」や「ャ・ュ・ョ」以外の小さい文字について

最後に「ア・イ・ウ・エ・オ」の音が聞こえないように出す音を、小さい文字で示しています。

[例] ペット **pet**　ブック **book**

「ン」の音のあとに、舌先で上あごをさわって軽く出す「ヌ」の音を、小さい「ヌ」で示しています。

[例] キャンヌ **can**　マウンテンヌ **mountain**

英語は、世界の各地でさまざまに使われていますが、この本では主に、アメリカで使われている英語を参考に発音を示しています。

How to Use
ハウ トゥ ユース
この本の使い方

この本では、「平和」「人権」「環境」「異文化理解」の4つの観点から、4月、5月、6月の世界の記念日や、世界で起こった歴史的な出来事などを取り上げて紹介します。

本書は、大きく「トピックページ」と「ピックアップページ」の2種類のページで構成されています。ピックアップページでは、国際デーを中心に取り上げています。

トピックページ — その月の世界の記念日や歴史的な出来事などのトピックを、まとめて一覧にしたページです。それぞれのトピックを英語と日本語の両方で確認できます。

全ての英語に、英語の音に近い読み方を示しています。（英語の音の示し方→3ページ）

トピックは、「平和」「人権」「環境」「異文化理解」の4つの分野に分け、分野ごとに色を変えて示しています。

英語以外の言語での月のよび方です。国連の公用語や、日本に関わりの深いいくつかの言語をのせています。
※アラビア語は右から左に書きますが、読み方は日本語にしたがって左から右に示しています。

年によって日付がかわる記念日です。

★は、国連の定めた「国際デー」または「国際週間」です。

黄色にぬってあるところは、ピックアップページで取り上げているトピックです。ページ番号をフキダシで示しています。

その月の季節や行事に関係する事がらを、日本語と英語で紹介しています。

日本の法律で定められている、その月の「国民の祝日」です。

● 特定の国のトピックには、その国名を示しています。
● この本では、国名は『最新基本地図ー世界・日本ー（40訂版）』（帝国書院）を参考に、子どもたちになじみのある名称を用いています。
● 地図と国旗の情報は、2016年9月1日現在のものです。
● 記念日の日付や名称、名称の日本語訳は、さまざまな文献にあたって特定してきましたが、諸説あるものも多く、他の書籍やウェブサイトの情報と異なる場合があります。

この本のガイドたち

ペンギンさん
Hello!
英語が得意なので，英語であいづちを打ったり，英語での回答例を教えてくれたりします。

シロクマさん
こんにちは！
解説やアドバイスをしてくれたり，おまけの情報などを教えてくれたりします。

ピックアップページ

1つのトピックを取り上げて解説したページです。いくつかの活動を通じて，関係する英語表現を学びながらトピックに対する理解を深めることができます。

- **日付**
- **記念日や出来事の名称**
- **どんな日？** この日ができた背景やこの日にこめられた人々の思いなどを解説しています。
- **Let's think!** トピックに関連して，簡単な英語を使ったクイズや問いかけをのせています。答えを考えることで，トピックについての理解が深まります。

- **Words & Expressions** 下の問いかけの答えとなるような，テーマに関する英語の言葉や表現を紹介しています。言葉や表現は，答えとしてより自然と思われる形で示しています。
- **Let's act it out!** 簡単な英語を使った，物作りや発表などの活動を紹介します。
- **More to know** トピックについて，より理解を深めるためのコラムです。

国際連合と国際デー

国際連合は，略して「国連」とよばれます。世界中の国々が協力して平和を築くために，第二次世界大戦の反省から生まれた国際組織です。世界の平和と安全を守り，また，経済や社会において世界中の国々が協力するようにうながす活動を行っています。

国連が，世界のさまざまな問題の解決に向けて，世界中で協力しようとよびかけ，その取り組みをうながすために制定した記念日が「国際デー」です。

Vocabulary for Calendars
カレンダーの言葉

Let's learn some words and expressions for calendars.
カレンダーで使う言葉や表現を学習しましょう。

● 年の言い方

What year is it?
何年ですか？

It's 2016.
2016年です。

year / 年

(2016年なら) It's 2016. 読み方は、twenty sixteen
(1938年なら) It's 1938. 読み方は、nineteen thirty-eight

● 月の言い方

What month is it?
何月ですか？

It's January.
1月です。

month / 月

January	1月	July	7月
February	2月	August	8月
March	3月	September	9月
April	4月	October	10月
May	5月	November	11月
June	6月	December	12月

● 曜日の言い方

What day is it?
何曜日ですか？

It's Sunday.
日曜日です。

day / 曜日

Sunday	日曜日	Thursday	木曜日
Monday	月曜日	Friday	金曜日
Tuesday	火曜日	Saturday	土曜日
Wednesday	水曜日		

●日付の言い方

What is the date today?
今日は何月何日ですか？

date 日

日付をきかれたときは，It's のあとに，「月」「日」「年」の順番に答えるよ。※ 日本語と，順序がちがうね。

It's January 6th, 2017.
2017年1月6日です。

It's October 24th, 2017.
　　　月　　　日　　年

誕生日をきくときは
When is your birthday?
あなたの誕生日はいつですか？ と言うよ。

week 週

Sunday	Monday	Tuesday	Wednesday	Thursday	Friday	Saturday
first **1**st	second **2**nd	third **3**rd	fourth **4**th	fifth **5**th	sixth **6**th	seventh **7**th
eighth **8**th	ninth **9**th	tenth **10**th	eleventh **11**th	twelfth **12**th	thirteenth **13**th	fourteenth **14**th
fifteenth **15**th	sixteenth **16**th	seventeenth **17**th	eighteenth **18**th	nineteenth **19**th	twentieth **20**th	twenty-first **21**st
twenty-second **22**nd	twenty-third **23**rd	twenty-fourth **24**th	twenty-fifth **25**th	twenty-sixth **26**th	twenty-seventh **27**th	twenty-eighth **28**th
twenty-ninth **29**th	thirtieth **30**th	thirty-first **31**st				

holiday 休日
anniversary 記念日
consecutive holidays 連休

週末は weekend,
夏休みは summer vacation,
冬休みは winter vacation,
国民の祝日は national holiday,
うるう年は leap year と言うよ。

※ここでは，主にアメリカで使われる言い方を示しています。イギリスなどでは，一般的に「日」「月」「年」の順に言います。

April 4月

| いろいろな言語で | 四月 (中国語) | avril (フランス語) | апре́ль (ロシア語) | abril (スペイン語) |

1 April Fools' Day
エイプリルフール

いたずら心のあるジョークを言い合って、楽しむ日だよ。

2 International Children's Book Day
国際子どもの本の日 （異文化理解 10ページ）

3 Peruvian-Japanese Friendship Day
ペルー・日本友好の日

4 International Day of Mine Awareness and Assistance in Mine Action
地雷に関する啓発および地雷除去支援のための国際デー ★

7 World Health Day
世界保健デー ★

8 International Romani Day
国際ロマ・デー

ロマの人々の文化を祝い、差別などの問題について考える日だよ。

9 Death of Frank Lloyd Wright (1959)
フランク・ロイド・ライト没

日本にもいくつかの作品を残しているアメリカの建築家だよ。

10 Birth of Joseph Pulitzer (1847)
ピューリッツァー誕生

アメリカのジャーナリスト。報道や文学、音楽にあたえられるピューリッツァー賞は、かれの遺言によってつくられたんだ。

14 Birth of Anne Sullivan (1866)
アン・サリバン誕生

ヘレン・ケラーの家庭教師。目と耳の不自由なヘレンに、さまざまなことを教えたよ。

15 Jackie Robinson Day (United States of America)
ジャッキー・ロビンソン・デー（アメリカ）

ジャッキー・ロビンソンが黒人初のメジャーリーガーになったことを記念する日だよ。

16 Birth of Charlie Chaplin (1889)
チャーリー・チャップリン誕生

「世界の喜劇王」とよばれる、イギリスの俳優、映画監督、脚本家だよ。

17 World Hemophilia Day
世界血友病デー

血友病（出血が止まりにくい病気）をわずらう人のことを考える日だよ。

21 Death of Mark Twain (1910)
マーク・トウェイン没

『トム・ソーヤの冒険』や『ハックルベリー・フィンの冒険』を書いたアメリカの作家だよ。

22 International Mother Earth Day
国際マザーアース・デー ★ （環境 14ページ）

23 English Language Day
英語デー ★ （異文化理解 16ページ）

World Book and Copyright Day
世界図書・著作権デー ★

読書や出版、著作者などの権利の保護をうながす日だよ。

26 Chernobyl Nuclear Reactor Disaster (Ukraine, 1986)
チェルノブイリ原子力発電所事故（ウクライナ）

27 World Design Day
ワールド・デザイン・デー

デザインのもつ価値と、世界をよりよく変えていく可能性を再認識する日だよ。

World Tapir Day
世界バクの日

28 National Heroes Day (Barbados)
英雄の日（バルバドス）

国のためにつくした国の英雄を祝う日だよ。

文字の色を 平和, 人権, 環境, 異文化理解 の4つの分野に分けています。 ★のマークは国連の定める国際デー、国際週間です。

アラビア語	朝鮮語	ポルトガル語	タイ語	ベトナム語
أبريل (アブリール)	사월 (サウォル)	abril (アブリウ)	เมษายน (メーサーヨン)	tháng tư (タン トゥ)

年によって日付のかわる記念日

18日以降の木曜日
First Day of Summer (Iceland)
夏の始まりの日（アイスランド）

冬が長いアイスランドでは，冬を無事にこし，夏をむかえられたことを祝うよ。

最終水曜日
International Guide Dog Day
国際盲導犬の日

5
Birth of Herbert von Karajan (1908)
カラヤン誕生

ベルリン・フィルハーモニー管弦楽団で活躍した，オーストリアの指揮者だよ。

6
International Day of Sport for Development and Peace
開発と平和のためのスポーツの国際デー ☆
（12ページ 平和）

Robert Peary reaches the North Pole. (1909)
ロバート・ピアリーが，世界で初めて北極点に到達。

11
The trial of Adolf Eichmann begins. (1961)
「アイヒマン裁判」開始。

第二次世界大戦中のナチスドイツによるユダヤ人大量虐殺に深く関わった人の裁判だよ。

12
International Day of Human Space Flight
国際有人宇宙飛行デー ☆

13
Songkran (Thailand, 13th-15th)
ソンクラーン（タイ）

タイのお正月だよ。町中の人が，水をかけ合ってお祝いするよ。

18
International Day for Monuments and Sites
国際記念物・遺跡デー

World Amateur Radio Day
世界アマチュア無線の日

19
Global Soil Week (19th-23rd)
グローバル土壌週間 ☆

よい食糧を生産するのに必要不可欠な土壌について考える週間だよ。

20
Day of Japan Overseas Cooperation Volunteers (Japan)
青年海外協力隊の日（日本）

日本の季節行事

3月下旬～5月上旬

花見
Cherry Blossom Viewing

日本に昔からある風習で，梅や桜の花をながめて春の訪れを味わいます。今では，しき物をしき，親しい人たちと食事をしながら桜の花を楽しむのが一般的です。桜のさく期間は短いため，人々は気象庁の発表する開花予想などを参考に花見の予定を立てます。

24
Fashion Revolution Day
ファッション・レボリューション・デー

2013年バングラデシュで，縫製工場の建物がくずれて1,000人以上の死者が出たことをきっかけに，衣料品の生産環境を改善しようと，つくられたんだ。

International Sculpture Day
国際彫刻の日

25
World Malaria Day
世界マラリアデー ☆

蚊によってもたらされるマラリアという病気を撲滅するための活動をうながす日だよ。

29
International Dance Day
国際ダンスデー

30
Walpurgis Night (Germany)
ワルプルギスの夜（ドイツ）

5月1日の五月祭（春の訪れを祝う日）の前夜にあたるこの日，ブロッケン山で魔女たちが集会を開くという伝説があるよ。

International Jazz Day
国際ジャズデー ☆

日本の祝日
昭和の日（29日）

April 2nd
4月2日

International Children's Book Day

国際子どもの本の日

どんな日？

アンデルセンという名前を聞いたことがありますか？『はだかの王様』『人魚ひめ』などを書いた，デンマークの童話作家です。
　国際児童図書評議会（IBBY）は，**本を通して子どもたちの国際理解を深めるため，また，人々の子どもの本に対する関心をよび起こす**ために，アンデルセンの誕生日である4月2日を「国際子どもの本の日」と制定しました。IBBYの加盟国が，毎年順番に世界中の子どもたちに向けたメッセージとポスターを作り，子どもの本がさらに広がるよう，世界に向けて発信しています。

Words & Expressions

- **novel** 小説
- **fantasy fiction** ファンタジー小説
- **science fiction** SF小説
- **adventure story** 冒険小説
- **mystery** 推理小説
- **romance** 恋愛小説
- **biography** 伝記
- **encyclopedia** 百科事典
- **comics** マンガ
- **dictionary** 辞書

What kind of books do we have?
どんな本があるだろう？

異文化理解 Cross-Cultural Understanding

English Activity

Let's think!

What kind of books do you like?

みんなは，どんな本が好きかな？

好きな本を読む時間は楽しいね。みんなの好きな本を教えてね。

I like science fiction.
SF小説が好きだよ。

夢がふくらんでわくわくするんだ。

I like biographies.
伝記が好きなんだ。

あこがれの歴史上の人物がいるんだ。その人みたいになりたいよ。

Everyone has favorite books.
だれにもお気に入りの本があるね。

I like comics.
マンガが好きなの。

読むといつも楽しい気分になるの。

English Activity

Let's act it out!

Let's write a book report!
読んだ本を記録しよう！

読んだ本の情報を書いていこう。自分の読書の記録になるし，人にすすめるときにも役立つよ。

Title of the book: The Adventures of Tom Sawyer
本のタイトル　　　トム・ソーヤの冒険

Date: March 10th - 30th, 2016　　**Publisher:** ○○ Books
日付　2016年3月10日〜30日　　　　出版社　○○ブックス

Author: Mark Twain　　　　　　　**Illustrator:** none
作者　マーク・トウェイン　　　　　　絵　なし

My Rating: ★★★★
おすすめ度

I love Tom! ♥

You can start it today!
今日から始められるね！

April 6th
4月6日

International Day of Sport for Development and Peace

開発と平和のためのスポーツの国際デー

どんな日？

みなさんはスポーツが好きですか？ スポーツは，私たちの体を強くたくましくしてくれるだけではありません。言葉や文化のちがいをこえてわかり合う心や，正義や思いやり，相手を尊敬する心も養ってくれます。

国連は，1896年に初めて近代オリンピックが開かれた日にちなんで，4月6日を「開発と平和のためのスポーツの国際デー」と制定しました。そして，**スポーツのもつ大きな力を，世界中の人々が理解し合い，開発と平和を推進するために生かしていこう**と，スポーツに関するさまざまな国際協力を行っています。

Words & Expressions

- **skating** スケート
- **skiing** スキー
- **track and field** 陸上競技
- **swimming** 水泳
- **tennis** テニス
- **soccer** サッカー
- **volleyball** バレーボール
- **baseball** 野球
- **basketball** バスケットボール
- **table tennis** 卓球

What sports do you know?
どんなスポーツを知っているかな？

平和　Peace

English Activity: Let's think!

What is sportsmanship?
スポーツマンショップってなんだろう？

どんなことをスポーツマンシップというのかな？この他にもないか，考えてみよう。

doing our best
全力をつくすこと

never giving up
あきらめないこと

respecting each other
おたがいを敬うこと

Fair play will lead to peace.
フェアプレーは平和につながるよ。

English Activity: Let's act it out!

Let's make new sports!
新しいスポーツを作ってみよう！

みんなが楽しめる新しいスポーツを考えてみよう。

What about "rugby baseball?"
「ラグビーボールをけってする野球」はどう？

What about a "crawling race?"
「はいはい競走」はどう？

Sounds exciting!
わくわくするね！

April 22nd — International Mother Earth Day

4月22日

国際マザーアース・デー

どんな日？

1970年4月22日，アメリカで環境を考える大規模な集会が開かれたことをきっかけに「アースデー集会」の運動が広まり，世界の人々の地球環境への関心が高まりました。国連は，2008年を「国際惑星地球年」と定め，地球は全ての生物のかけがえのないすみかであり，人間の社会の発展は，他の生物やそれをとりまく環境に調和したものでなければならないとうったえました。そして翌年，4月22日を「国際マザーアース・デー」と制定し，地球がこれからも母なる星であり続けられるよう，各国の協力を求めています。

Words & Expressions

- **universe** 宇宙
- **the solar system** 太陽系
- **miracle** 奇跡
- **the only one** たった1つのもの
- **water planet** 水の惑星
- **the moon** 月
- **oxygen** 酸素
- **land and sea** 陸と海
- **gravity** 重力
- **creatures** 生き物

What words come to your mind?

（地球といえば）どんな言葉が思いうかぶかな？

環境　Environment

Let's think!

What do you know about Earth?
地球について、どんなことを知っているかな？

❶ How old is Earth?
何才かな？

| 約 46,000,000 才 | 約 460,000,000 才 | 約 4,600,000,000 才 |
| (約4,600万才) | (約4億6,000万才) | (約46億才) |

❷ When did the first life appear on Earth?
地球に最初の生命が誕生したのはいつ？

| 約 40,000,000 年前 | 約 400,000,000 年前 | 約 4,000,000,000 年前 |
| (約4,000万年前) | (約4億年前) | (約40億年前) |

❸ When did the first humans appear on Earth?
地球に最初の人類が誕生したのはいつ？

| 約 44,000 年前 | 約 440,000 年前 | 約 4,400,000 年前 |
| (約4万4,000年前) | (約44万年前) | (約440万年前) |

出典：『ニューワイド　学研の図鑑　地球・気象（増補改訂版）』（学研）

地球に関するクイズに答えてみよう。3つの数字から選んでね。

I can't imagine such large numbers!
こんなに大きな数字、想像できないよ！

Let's act it out!

Let's make a timeline of Earth!
地球年表を作ろう！

地球の長い歴史を調べて、年表を作ってみよう。地球が誕生してから今まで、どんな生物がいて、どんな出来事があったんだろう？

Birth of Earth! 地球誕生！
First life 最初の生命
Early man 初期の人類

きょうりゅうが絶滅したのは……。

★Let's think! の答え→ 40ページ

April 23rd (4月23日)

English Language Day 英語デー

どんな日？

現在国連では，世界で使われている数多くの言語の中から，アラビア語，中国語，英語，フランス語，ロシア語，スペイン語の6つを国際会議などで用いる公用語としています。

2010年ユネスコは，**複数の言語が使用されることをたたえると同時に，国連において6つの公用語が平等に使用される**ことを願って，それぞれの言語の日を定めました。

4月23日は「英語デー」です。英語は，世界で最も広く使われている言語の1つ。「英語デー」をきっかけに，英語を学ぶことの意味を考えてみましょう。

Words & Expressions

- **astronaut** 宇宙飛行士
- **interpreter** 通訳者
- **world-class athlete** 世界的なスポーツ選手
- **pilot** パイロット
- **UN staff** 国連のスタッフ
- **translator** 翻訳者
- **tourist guide** ツアーガイド
- **cabin attendant** 客室乗務員
- **trading company employee** 貿易会社の従業員

Who needs English language skills?

どんな人が，英語を必要としているだろう？

異文化理解 Cross-Cultural Understanding

English Activity — Let's think!

What are their jobs?
この人たちの仕事は何かな？

下の人たちは、どんな職業の人だろう？ 16ページの言葉から選んで、ふせんに書いてはっていこう！

1. I use English to get information.
情報を得るために、英語を使います。

UN staff 国連のスタッフ

Where? どこかな？

pilot パイロット
translator 翻訳者

2. I use English to give information.
情報をあたえるために、英語を使います。

trading company employee 貿易会社の従業員

3. I use English to help people communicate.
人々のコミュニケーションを助けるために、英語を使います。

English Activity — Let's act it out!

Please tell us about your dream!
みんなの夢を教えて！

今学んでいる英語を生かして、将来どんなことをしたいか、発表しよう！

I want to be an NBA* player!
（インタビューに英語で答えられる）
NBAの選手になりたい。

I want to work for the UN.
（世界中の問題を解決するために）国連で働きたいな。

*National Basketball Association アメリカのプロバスケットボールリーグ。

★Let's think! の答え→ 40ページ

May 5月

いろいろな言語で:
- 五月 (中国語)
- mai (フランス語)
- май (ロシア語)
- mayo (スペイン語)

1
Lily of the Valley Day（France）
スズランの日（フランス）

International Workers Day
メーデー
労働者が団結して権利を要求する日だよ。

2
Death of Paulo Freire (1997)
パウロ・フレイレ没
ブラジルの教育者。読み書き能力の向上に力を入れ、ブラジルの識字率を高めたんだ。

3
World Press Freedom Day ★
世界報道自由デー
（20ページ 人権）

4
UN Global Road Safety Week (4th-10th)
国連世界交通安全週間 ★

8
Time of Remembrance and Reconciliation for Those Who Lost Their Lives during the Second World War (8th-9th)
第二次世界大戦で命を失った人たちのための追悼と和解のための時間 ★
各国の定める記念日とは別に、国連が第二次世界大戦の死者をしのぶようにうながす日だよ。

9
World Migratory Bird Day (9th-10th)
世界渡り鳥の日 ★

10
Indian Rebellion begins. (India, 1857)
インドの大反乱が起こる。（インド）
イギリスによる植民地支配に対し、インドの人々が反対運動を起こしたんだ。

13
The very first round of the F1 World Championship is held. (1950)
F1世界選手権第1戦開催。

14
Birth of John Charles Fields (1863)
ジョン・チャールズ・フィールズ誕生
カナダの数学者。数学のノーベル賞ともいわれる、フィールズ賞の設立を提案したよ。

15
International Day of Families ★
国際家族デー
（22ページ 平和）

16
Death of Jim Henson (1990)
ジム・ヘンソン没
アメリカの、「マペット」という人形を使った人形劇の作家。『セサミ・ストリート』のキャラクターの生みの親だよ。

19
Commemoration of Ataturk, Youth and Sports Day (Turkey)
アタテュルク記念日および青年とスポーツの日（トルコ）
のちのトルコの初代大統領、ムスタファ・ケマル・アタテュルクが革命を起こした日だよ。

20
Day of Vesak ★
ヴェサックの日（満月の日）
仏教の創始者であるブッダを祝う日だよ。

21
World Day for Cultural Diversity for Dialogue and Development ★
対話と発展のための世界文化多様性デー
（24ページ 異文化理解）

22
International Day for Biological Diversity ★
国際生物多様性の日
（26ページ 環境）

26
Independence Day (Georgia/Guyana)
独立記念日（ジョージア／ガイアナ）

27
Birth of Rachel Carson (1907)
レイチェル・カーソン誕生
アメリカの海洋学者、作家だよ。『沈黙の春』という環境問題を告発する本を書き、社会に警告をあたえたんだ。

28
Ethiopia National Day (Ethiopia)
エチオピア・ナショナルデー（エチオピア）
1991年に社会主義政権がたおれた日だよ。

29
International Day of UN Peacekeepers ★
国連平和維持要員の国際デー

文字の色を 平和, 人権, 環境, 異文化理解 の4つの分野に分けています。　★のマークは国連の定める国際デー、国際週間です。

マーユー	オウォル	マイオ	プルサバーコム	タンナム
مايو	오월	maio	พฤษภาคม	tháng năm
アラビア語	朝鮮語	ポルトガル語	タイ語	ベトナム語

年によって日付のかわる記念日

第2土曜日
World Fair Trade Day
世界フェアトレード・デー

開発途上国などで生産される原料や製品を適正な価格で購入することで、貧困が進まないようにしようとアピールする日だよ。

第3金曜日
Endangered Species Day 絶滅危惧種デー

5
International Day of the Midwife
国際助産師の日

Senior Citizens Day (Palau)
敬老の日（パラオ）

6
International No Diet Day
国際ノー・ダイエット・デー

さまざまな体型の人々を受け入れ、健全な食生活をうながす日だよ。

7
World AIDS Orphans Day
世界エイズ孤児デー

11
Deep Blue defeats a world-champion chess player. (1997)
ディープ・ブルーが、チェス世界チャンピオンを破る。

アメリカのIBM社のコンピューター「ディープ・ブルー」が、史上初めて、チェスで人間に勝利したよ。

12
International Nurses Day
国際看護師の日

🇯🇵 日本の季節行事

5日 端午の節句
Boys' Festival

男の子の健やかな成長を祝い、これからの幸せを願う行事です。こいのぼりや五月人形などをかざり、かしわもちやちまきを食べます。また、ショウブを入れたおふろに入り、健康をいのる風習もあります。

17
World Telecommunication and Information Society Day
世界電気通信情報社会デー ★

情報通信技術が社会や経済にもたらす可能性について考える日だよ。

International Day Against Homophobia, Transphobia and Biphobia
国際反ホモフォビア・反トランスフォビア・反バイフォビアの日

性的少数者への差別がなくなるよう、はたらきかける日だよ。

18
International Museum Day
国際博物館の日

23
World Turtle Day
世界カメの日

24
International Women's Day for Peace and Disarmament
平和と軍縮のための国際女性デー

平和と軍縮のために活動した女性や、現在活動している女性をたたえる日だよ。

25
Geek Pride Day
ギークをほこる日

「ギーク（オタク）」であることをかくさず、お祝いする日だよ。

30
Birth of Benny Goodman (1909)
ベニー・グッドマン誕生

アメリカの有名なジャズ・クラリネット奏者だよ。

Indian Arrival Day (Trinidad and Tobago)
インド人入植の日（トリニダード・トバゴ）

イギリスの支配下にあった1830年、奴隷制度が廃止され、同じくイギリス領だったインドから、多くの人々が労働力として移住してきたんだ。

31
World No-Tobacco Day
世界禁煙デー ★

日本の祝日

憲法記念日（3日）
みどりの日（4日）
こどもの日（5日）

May 3rd 5月3日

World Press Freedom Day
世界報道自由デー

どんな日？

私たちには、世界人権宣言のもと、さまざまな報道から情報を得る権利と、自分の意思を自由に表現する権利があります。これらの権利が守られなければ、人々は正しい情報から隔離され、伝えるべき真実を語れなくなってしまいます。人々に正しい情報を伝える役割をもつのが、ジャーナリストです。

国連は、さまざまな困難を乗りこえて真実を伝えるジャーナリストたちの勇気と社会への貢献をたたえ、人々に表現の自由を尊重することの大切さを伝えるために、毎年5月3日を「世界報道自由デー」と制定しました。

Words & Expressions

- **newspaper** 新聞
- **TV** テレビ
- **radio** ラジオ
- **Internet news** インターネットのニュース
- **SNS** ソーシャルネットワーキングサービス
- **magazine** 雑誌
- **book** 本
- **flier** ちらし
- **signboard** 掲示板

What are the different kinds of media?
情報を伝えるメディアには、どんなものがあるかな？

人権 Human Rights

English Activity

Let's think!

What would happen?

（もしジャーナリストが正しい情報を得ることができなかったら）どうなるのかな？

下の状況のように、もしジャーナリストが不当に取材を制限されたら、どうなるんだろう？

NO ENTRY 立ち入り禁止

NO INTERVIEWS インタビュー禁止

NO CAMERAS 撮影禁止

We can't find out the truth.
本当のことを知ることができないよ。

We might misunderstand.
誤解してしまうかもしれないね。

それだけでなく、ジャーナリストが正しい情報を集めても、検閲などによって、伝えられる情報が規制される場合もあるんだよ。

More to know

Pulitzer Prize ピューリッツァー賞

　ピューリッツァー賞は、アメリカのジャーナリスト、ジョゼフ・ピューリッツァーの遺言によって、ジャーナリストの質の向上をめざしてつくられました。1917年以来、毎年授与されています。ジャーナリズム（報道）、文学、音楽の3つの部門があり、アメリカの新聞や雑誌の掲載記事を対象にした報道部門が特に有名です。これまでに、世界中の事件や出来事の歴史的瞬間をとらえた数多くの写真や記事が受賞しており、過去には、1966年に右の写真「安全への逃避」で受賞したカメラマンの沢田教一など、日本人ジャーナリストも3人受賞しています。

▲ベトナム戦争中、爆撃をのがれる親子。
©UPI／共同通信社／アマナイメージズ

May 15th
5月15日

International Day of Families

国際家族デー

どんな日？

みなさんは「家族」とは何かを考えたことがありますか？ 家族は、社会におけるいちばん小さな集団です。家族ごとに人数も構成もさまざまですが、一人ひとりが家族の一員として役割を果たし、助け合って生活しています。
今、世界では、内戦などで散り散りになった家族や、核家族化や高齢化が進む中で、ひとりで暮らしている人も増えています。
国連は、このような**家族に関する問題について、人々の理解を深め、協力して解決していこうとよびかけるため**、5月15日を「国際家族デー」と制定しました。

Words & Expressions

- **father** 父
- **parent** 親
- **pet** ペット
- **mother** 母
- **grandmother** 祖母
- **sister** 姉・妹
- **partner** パートナー
- **grandfather** 祖父
- **brother** 兄・弟
- **sibling** 兄弟・姉妹

Who are the family members?
家族には、どんな人たちがいるかな？

平和　Peace

English Activity — Let's think!

What do you think of your family?
みんなの家族ってどんな家族？

自分にとって家族ってどんなものか、考えてみよう。どんな言葉で表せるかな？

My family is funny.
私の家族って おもしろいんだ。

A little strict.
ちょっと厳しいの。

Wow, you are honest!
正直だね！

Sometimes they are annoying.
ときどき うるさく感じちゃう。

We are like friends.
友達みたいなの。

Very warm.
とてもやさしいんだ。

English Activity — Let's act it out!

Let's introduce our families!
家族を紹介しよう！

家族をひとり選んで、得意なことを紹介してみよう。

This is my younger sister, Ayumi.
これは、妹のあゆみ。
She is good at singing.
歌が得意なんだよ。

This is my pet cat, Kotaro.
これはペットのネコで、コタロウ。
He is good at jumping.
ジャンプが得意なの。

What a nice family!
すてきな家族だね！

May 21st (5月21日)

World Day for Cultural Diversity for Dialogue and Development
対話と発展のための世界文化多様性デー

どんな日？

世界にはたくさんの国や地域があり，地形や気候，歴史，そこに住む人々の信じる宗教などによって，独自の文化が育まれています。さまざまな文化は人間社会の豊かさの表れでもあり，大切にしていかなければなりません。また，世界がともに発展していくためには，**人々がおたがいの文化について知り，平等な立場で対話をすること**が欠かせません。

国連は，そうした認識を世界中に広げようと，5月21日を「対話と発展のための世界文化多様性デー」と制定し，**異なる文化にふれてみよう**と，よびかけています。

Words & Expressions

- **music** 音楽
- **literature** 文学
- **fashion** ファッション
- **entertainment** 娯楽
- **foods** 食べ物
- **architecture** 建築物
- **art** 芸術
- **sports** スポーツ
- **lifestyle** 生活様式
- **traditional performing arts** 伝統芸能

What are some examples of culture?
文化にはどんなものがあるかな？

Cross-Cultural Understanding
異文化理解

Let's think!

Which country are these soups from?
どの国のスープかな？

ア) **Sinigang is from the (①).**
シニガンは①のスープだよ。
魚介類や肉と、野菜がたっぷり入っているんだ。すっぱいよ。

イ) **Goulash is from (②).**
グヤーシュは②のスープだよ。
牛肉、タマネギ、パプリカを使うの。香辛料がきいているよ。

ウ) **Clam chowder is from the (③).**
クラムチャウダーは③のスープだよ。
二枚貝、ジャガイモ、タマネギを使うよ。貝の風味がするんだ。

ア)〜ウ)は、どの国のスープの説明かな？写真を見て、①〜③に当てはまる国名を言ってみよう。

Philippines
フィリピン

United States of America
アメリカ

Hungary
ハンガリー

They vary a lot!
(同じスープでも)いろいろなちがいがあるね！

Let's act it out!

Let's introduce Japanese culture!
日本の文化を紹介しよう！

Look! This is miso soup from Japan.
見て！これが日本のみそスープ（みそしる）だよ。

日本の文化を紹介してみよう。料理だけではなく、24ページにある他の事がらについて紹介してもいいよ。

★Let's think!の答え→40ページ

May 22nd (5月22日)

International Day for Biological Diversity

国際生物多様性の日

どんな日？

地球上には，なんとたくさんの生物がいることでしょう。まだ想像をこえる数の未知の生物がいるともいわれており，その種類の多さに圧倒されます。これらの生物の一つひとつが，生物をとりまく環境を形作る貴重な存在です。何かが絶滅すれば，それにつながる生物も影響を受け，絶滅の連鎖が起こります。国連は，**生物の多様性と，生物がつながり合って生きる地球環境の維持をうったえるため**，この日を「国際生物多様性の日」と定めました。地球上のどこにいても，人間が環境にあたえる影響を考えて行動することが大切ですね。

Words & Expressions

- crow — カラス
- bee — ミツバチ
- human being — 人間
- panda — パンダ
- lizard — トカゲ
- mushroom — キノコ
- moss — コケ
- frog — カエル
- centipede — ムカデ
- kelp — コンブ
- crab — カニ
- whale — クジラ
- salmon — サケ
- baobab tree — バオバブの木

Who lives on Earth?
地球にいる仲間はだれかな？

環境 / Environment

English Activity / Let's think!

Who are they?
（絶滅の危機にある）かれらはだれだろう？

世界にはたくさんの生物がいるけれど、一方で、数が減って、絶滅してしまいそうな生物もたくさんいるんだ。生物たちの声を聞いて、①〜④に当てはまる生物を、□の中から選ぼう。

① 毛皮を目当てに乱獲されたり、環境汚染のためにすむ場所が減ったりしているよ。

② ハブを退治するために人間が持ちこんだマングースによって、食べられてしまっているんだ。

We are endangered!
ぼくたちは絶滅しそうなんだ！

③ 森林伐採によって、すむ場所や食べ物が減っているんだよ。

④ 地球温暖化の影響で海水の温度が上がり、生きにくい環境になっているよ。

- **coral** サンゴ
- **sea otter** ラッコ
- **orangutan** オランウータン
- **Okinawa rail** ヤンバルクイナ

We must protect them!
守らなくっちゃ！

More to know

Red List レッドリスト

レッドリストは、国際自然保護連合（IUCN）が公表している、絶滅するおそれのある野生生物のリストです。絶滅の危機の度合いを段階に分けて示しており、2016年9月現在、最も絶滅する可能性が高いグループには、2万種以上の野生生物が分類されています。その中には、ライオンやアフリカゾウなどの動物の他、クロマグロやサボテンなど、私たちになじみのある生物が数多くふくまれています。

◀ **African elephant** アフリカゾウ

▲ **lion** ライオン

▲ **Japanese crane** タンチョウヅル

★Let's think! の答え→40ページ

June 6月

| いろいろな言語で | 六月（リィゥ ユエ）中国語 | juin（ジュワン）フランス語 | июнь（イユーニ）ロシア語 | junio（フニオ）スペイン語 |

1
Global Day of Parents
国際親の日 ★

World Milk Day
世界牛乳の日

2
Birth of Edward Elgar (1857)
エドワード・エルガー誕生

イギリスの作曲家。行進曲『威風堂々』はイギリス第2の国歌ともいわれ，国民から親しまれているよ。

3
United Nations Conference on Environment and Development is held. (1992)
国連環境開発会議開催。

環境問題についての国際会議だよ。

4
International Day of Innocent Children Victims of Aggression
侵略による罪のない幼児犠牲者の国際デー ★

8
World Oceans Day
世界海の日 ★
環境 30ページ

9
Coral Triangle Day
太平洋サンゴ礁三角海域の日

さまざまな生物の宝庫である太平洋サンゴ礁三角海域を守っていこうと，よびかける日だよ。

10
Portugal Day (Portugal)
ポルトガルの日（ポルトガル）

ポルトガルの大詩人，カモンイスがなくなった日だよ。

11
World Doll Day
世界人形の日

King Kamehameha Day (United States of America)
カメハメハ・デー（アメリカ）

ハワイ王国を建国した，カメハメハ大王をたたえる日だよ。

14
Birth of Harriet Beecher Stowe (1859)
ハリエット・ビーチャー・ストウ誕生

World Blood Donor Day
世界献血デー ★

アメリカの作家。『アンクル・トムの小屋』という小説で，黒人奴隷制度を批判したんだよ。

15
Global Wind Day
世界風の日

エネルギーとしての風について考える日だよ。

16
Day of the African Child
アフリカの子どもの日

20
World Refugee Day
世界難民の日 ★
平和 34ページ

21
International Day of Yoga
ヨガの国際デー ★

World Giraffe Day
世界キリンの日

22
Birth of Abbas Kiarostami (1940)
アッバス・キアロスタミ誕生

数々の国際映画祭で賞を受賞したイランの映画監督だよ。

25
Day of the Seafarer
船員デー ★

26
International Day Against Drug Abuse and Illicit Trafficking
国際薬物乱用・不法取引防止デー ★

27
Birth of Helen Adams Keller (1880)
ヘレン・ケラー誕生

Independence Day (Djibouti)
独立記念日（ジブチ）

目と耳が不自由な，アメリカの教育家で作家。自らの障害を乗りこえ，障害者への援助に力をつくしたんだ。

28 　文字の色を **平和**，**人権**，**環境**，**異文化理解** の4つの分野に分けています。　★のマークは国連の定める国際デー，国際週間です。

ユーニユー	ユウォル	ジューニョ	ミトゥナーヨン	タン サウ
يونيو	유월	junho	มิถุนายน	tháng sáu
アラビア語	朝鮮語	ポルトガル語	タイ語	ベトナム語

年によって日付のかわる記念日

第1金曜日

National Doughnut Day (United States of America)
ナショナル・ドーナツ・デー（アメリカ）

第一次世界大戦のときに，社会事業団体が，兵士にドーナツを差し入れたことをたたえて，つくられた日だよ。

5
World Environment Day
世界環境デー ★

6
Russian Language Day
ロシア語の日 ★

7
Birth of Paul Gauguin (1848)
ポール・ゴーギャン誕生

フランスの画家・彫刻家だよ。フランスからタヒチにわたり，タヒチを題材とした作品を多く生み出したよ。

12
World Day Against Child Labour (32ページ)
児童労働に反対する世界デー ★ 人権

Birth of Anne Frank (1929)
アンネ・フランク誕生

『アンネの日記』の作者。ユダヤ人。第二次世界大戦中，ナチスドイツからのがれるために屋根裏部屋で暮らした日々を，日記に書き記したんだ。

13
The spacecraft "Hayabusa" returns to the earth. (2010)
小惑星探査機「はやぶさ」が地球に帰還。

日本の探査機「はやぶさ」が，小惑星イトカワの地表の物質を採取して，地球に帰還したよ。

17
World Day to Combat Desertification and Drought
砂漠化および干ばつと闘う国際デー ★

18
Emigration Day (Japan)
海外移住の日（日本）

1908年に，日本からの移民を乗せた船が初めてブラジルに入港したことにちなんでつくられたんだ。

19
Juneteenth (United States of America)
奴隷制度終結記念日（アメリカ）

1865年にテキサス州で奴隷解放宣言が制定されたことを記念して，つくられたよ。

日本の季節行事

11日ごろ　入梅

Start of Rainy Season

農作業をするうえで天気はとても重要です。昔はこの日を目安に，田植えの日を決めたといわれています。今では気象庁が，毎年全国各地の梅雨入りと梅雨明けの日を発表しています。梅雨が明けると，日本列島は暑い夏をむかえます。

23
United Nations Public Service Day (36ページ)
国連パブリック・サービス・デー ★ 人権

Olympic Day
オリンピック・デー

国際オリンピック委員会の創立を記念して，1948年につくられたよ。

24
Midsummer Festival (Estonia)
夏至祭り（エストニア）

夏が短い北欧特有の祭りで，大きなかがり火をたいて夏がきたことを祝うよ。

28
Assassination in Sarajevo (Bosnia and Herzegovina, 1914)
サラエボ事件（ボスニア・ヘルツェゴビナ）

第一次世界大戦のきっかけとなった事件。サラエボで，オーストリア・ハンガリー帝国の皇太子夫妻が射殺されたんだ。

29
Birth of Antoine de Saint-Exupéry (1900)
サン・テグジュペリ誕生

『星の王子さま』を書いたフランスの小説家だよ。

30
Independence Day (Democratic Republic of the Congo)
独立記念日（コンゴ民主共和国）

June 8th (6月8日)

世界海の日

World Oceans Day
（ワールド オウシャンズ デイ）

どんな日？

海は大きく果てしなく広がり，私たち人間の影響などおよばないかのように感じられます。しかし実際には，人間の生活によって海の様子は変わり，さまざまな問題が起きています。海で起きている問題は，世界中が協力して解決していかなければなりません。国連は，海をThe Heart of Our Planet（地球の心臓）ととらえ，**海とそこにすむ生物の暮らしを守り，海を地球の命の源として維持していくために**，6月8日を「世界海の日」に制定しました。毎年，世界各地で海の美しさや豊かさを見直すためのイベントが開かれています。

Words & Expressions

wide（ワイド）
広い

beautiful（ビューティふる）
美しい

blue（ブるー）
青い

clear（クリア）
澄んだ

salty（ソーるティ）
塩からい

wavy（ウェイヴィ）
波打つ

deep（ディープ）
深い

calm（カーム）
おだやかな

How do you describe the ocean?
（ハウ ドゥ ユー ディスクライブ ずィ オウシャンヌ）

みんなは海をどんな言葉で表現するかな？

環境 | Environment

English Activity — Let's think!

What do you think?
（海の状況について）みんなはどう思うかな？

> 今，海ではこんなことが起こっているよ。このままだとどうなるんだろう？ みんなはこれを見てどう思うかな？

Look! The oil is leaking from the ship.
見て！ 船から油がもれているよ。

Fish might die!
魚が死んじゃうよ！

Look! Some fishing lines were left behind.
見て！ つり糸が置き去りにされている。

Look! Plastics are floating.
見て！ プラスチックがういている。

I want to save the ocean and its sea life!
海と海にすむ生物を救いたいよ！

English Activity — Let's act it out!

Let's make crafts!
（海岸で拾ったごみを使って）工作をしよう！

> 海を守るため，みんなで海岸のごみ拾いをしよう。ごみの中には，工作に使えそうなものもたくさんあるよ。それらを使って，自由に作品を作ってみよう！

I used sea glass.
海のガラス片を使ったよ。

筆立て　プランター

I used plastic waste.
プラスチックのごみを使ったよ。

※海岸に行くときは，大人といっしょに行きましょう。

June 12th
6月12日

World Day Against Child Labour
児童労働に反対する世界デー

どんな日？

世界には，学校にも行けずに不当に働かされている子どもが，9人に1人いるといわれています。厳しい環境の中で長時間の労働を強いられたり，兵士として戦争にかり出されたりするなど，子どもらしく成長する「子どもの権利」をうばわれた子どもたちです。

国際労働機関（ILO）は，このような児童労働をなくすため，6月12日を「児童労働に反対する世界デー」と制定しました。全ての子どもが，**受けるべき教育を受け，自由に遊ぶ時間をもち，健全に育つことができるよう**，各国の協力が求められています。

Words & Expressions

- **chance to study** — 勉強する機会
- **hope** — 希望
- **friends** — 友達
- **mental health** — 精神面における健康
- **capability** — 可能性
- **time to play** — 遊ぶ時間
- **smile** — ほほえみ
- **culture** — 文化的な活動
- **time for sports** — 運動する時間

What are some things children might lose?
（学校にも行けずに働かされることで）子どもたちは，何を失ってしまうだろう？

English Activity
イングリッシュ アクティヴィティ

Let's think! レッツ スィンク

What do you think?
ワッ ドゥ ユー スィンク

（この子の1日を見て, みんなは) どう思う?

人権　Human Rights

働く子どもの暮らしを見てみよう。どう思う?

綿花畑で働くある女の子の1日

6:00	**I wake up.** 起きる。 アイ ウェイク アップ
9:00	**I eat breakfast.** （水くみのあと, 急いで) 朝食をとる。 アイ イート ブレックふァスト
12:00	**I work in a cotton field.** （炎天下の) 綿花畑で働く。 アイ ワ～ク イナ コトンヌ ふィールド
17:00	
18:00	**I get home.** 帰宅。 アイ ゲット ホウム
20:00	**I do the laundry.** 洗濯をする。 アイ ドゥ ざ ろーンドリ
21:00	**I eat dinner.** 夕食をとる。 アイ イート ディナ
22:00	**I go to bed.** 寝る。 アイ ゴウ トゥ ベッド

Only 30-minute lunch break.
オウンり さ～ティ ミニット ランチ ブレイク
（休けいは) 30分の昼休みだけなの。

She gets only 270 yen a day!
シー ゲッツ オウンり トゥーハンドレッドセヴンティイェンヌ ア デイ
（賃金は) 1日わずか270円だって!

When does she play or study?
ウェンヌ ダズ シー プれイ オ～ スタディ
いつ遊んだり, 勉強したりするんだろう?

情報提供：特定非営利活動法人 ACE

More to know
モア トゥ ノウ

Free The Children　フリー・ザ・チルドレン
ふリー ざ チるドレンヌ

　子どもたちが, 世界の労働を強いられている子どもたちを救うために活動する団体が「フリー・ザ・チルドレン」です。1995年にこの団体を立ち上げたのは, 当時12才だったカナダ人のクレイグ・キールバーガー氏。ある日新聞で, 児童労働を強いられている子どもの記事を読み, 自分との環境のちがいにショックを受けたことがきっかけでした。

　今, フリー・ザ・チルドレンのネットワークは45か国に広がり, たくさんの子どもたちが, 過酷な環境におかれた子どもたちを救おうと学校や井戸の建設, 生活の支援などの活動をしています。

◀フリー・ザ・チルドレン設立当時のクレイグ・キールバーガー氏。(後列中央)

▲学校に行けず, 綿花畑で働く子ども。

© 2016 Free The Children Japan

June 20th
ヂューンヌ トウェンティエす
6月20日

World Refugee Day
ワ〜るド ウレふュヂー デイ

世界難民の日

どんな日？

みなさんはニュースなどで「難民」という言葉を耳にしたことがありますか？　難民とは，外国との戦争や内戦，人種差別，宗教や思想に関わる弾圧，伝染病，そして災害や貧困など，さまざまな理由から自分の国や住まいを自らはなれたり，強制的に追われたりした人々のことです。その中には，子どもたちもたくさんいて，助けを求めています。

国連は，難民に対する世界的な関心が高まり，国連や非政府組織（NGO）による援助活動に，より多くの支援が集まるようにと，6月20日を「世界難民の日」に制定しました。

Words & Expressions
ワ〜ッ アンド イクスプレションヌ

- **water** ウォータ　水
- **safety** セイふティ　安全
- **understanding** アンダスタンディング　理解
- **clothes** クロウズ　衣服
- **passport** パスポ〜ト　パスポート
- **money** マニ　お金
- **house** ハウス　家
- **medical goods** メディカる グッヅ　医薬品
- **food** ふード　食べ物
- **job** ヂョブ　仕事

What do refugees need?
ワッ ドゥ ウレふュヂーズ ニード
難民の人々に必要なものはなんだろう？

平和 / Peace

English Activity

Let's think!

Let's imagine their feelings and thoughts.

難民の子どもたちの気持ちや思いを想像してみよう。

I want to go back home!
家に帰りたい！

Please stop wars!
戦争をやめて！

内戦をのがれて難民キャンプにやってきた子どもたちの写真だよ。難民の子どもたちはどんなことを思い，何をうったえているのだろう？

I want to go to school!
学校に行きたいよ！

I want to be with my family.
家族といっしょにいたいよ。

▲ 国境の検問所付近にいる難民の子どもたち。

I imagine they are waiting for help.
助けを待っていると思うよ。

More to know

Olympic Refugee Team
オリンピック難民選手団

　2016年8月のリオデジャネイロオリンピックに，初めて，10人の難民からなる「難民選手団」が出場しました。紛争や弾圧によって国を追われたかれらを，観客は温かい歓声でむかえました。選手たちの「オリンピックで競う姿を家族に見てほしい。」「次は，平和になった祖国の選手として出場したい。」という思いは世界中の人々の胸を打ち，同時に多くの難民に「難民でも成しとげられることがある。」という希望をあたえました。

▲ 開会式で入場する難民選手団。

June 23rd
6月23日

United Nations Public Service Day

国連パブリック・サービス・デー

どんな日？

「パブリック・サービス」とは，国や地方の自治体が提供する公共のサービスのことです。私たちの暮らしに欠かせない水道や電気などの他，緊急の際に必要な消防や警察，公立の学校や公園など，さまざまなサービスがこれにふくまれます。

国連は，このような公共のサービスが地域の開発に大きな役割を果たしていることを伝えるために，この日を「国連パブリック・サービス・デー」と定めました。そして，公共のサービスのさらなる充実を目ざして，人々の関心を高めるための活動をしています。

Words & Expressions

- **education** 教育
- **electricity** 電気
- **police** 治安
- **healthcare** 医療
- **public health** 公衆衛生
- **fire fighting** 消防
- **transportation** 交通
- **postal service** 郵便
- **water line** 水道

What is public service?

公共のサービスって，どんなものだろう？

人権 Human Rights

Let's think!

What do they work for?

かれらは，どんなサービスをあたえるために働いているのだろう？

かれらがたずさわっている公共のサービスはなんだろう？ 36ページから選んで，ふせん □ に書いてはってみよう。

1 I'm a teacher.
私は教師です。

2 I'm a bus driver.
私はバスの運転手です。

3 I'm a fire fighter.
私は消防士です。

4 I'm a public health nurse.
私は保健師です。

Which one?
どれかな？

education 教育

Let's act it out!

Let's make a map of our town!

自分の町の地図を作ろう！

町の地図を作って，どこに公共のサービスがあるかを確認しよう。

Here's our school.
ここがぼくたちの学校だ。

We have two parks.
公園は2つだね。

Where is the library?
図書館はどこかな？

★Let's think! の答え→40ページ

My Calendar
自分だけのカレンダーを作ろう！

右のページをコピーして，自分だけのカレンダーを作ってみよう。自分の予定や出来事，この本を読んで興味をもった日のことなどを書きこむよ。こんな日があったらいいなと思う日を書いてもいいね。

yesterday 昨日
today 今日
tomorrow 明日

[記入例]

April

月と日付は自分で書き入れよう。

Sunday	Monday	Tuesday	Wednesday	Thursday	Friday	Saturday
	1 My Lucky Day! うぐいすの声をきいたよ！	2 国際子どもの本の日 新しい本を買う。	3	4 My Lucky Day!	5	6 cherry blossom viewing お花見
7	8 始業式	9	10 cram school 塾	11	12 My Lucky Day! 給食で好きなおかずが出た！	13
		16 My mother's birthday お母さんの誕生日	17	18	19 My First Day!	20
21	22	23 English Language Day 英語の歌を1曲覚える。	24 cram school 塾	25 My First Day! おこづかい帳をつけ始めた日！		

その日にあった特別な出来事はラッキーデーとしてメモしておこう。

この本で学んだ日だよ。この日にしたいことも書いておくといいね。

何かをした最初の日を書こう。

Sunday	Monday	Tuesday	Wednesday	Thursday	Friday	Saturday

Let's think! の答え

15ページ

❶ 約4,600,000,000才
（約46億才）
❷ 約4,000,000,000年前
（約40億年前）
❸ 約4,400,000年前
（約440万年前）

17ページ

（例）
❶ UN staff, pilot, world-class athlete, trading company employee, astronaut
❷ trading company employee, cabin attendant, tourist guide, UN staff
❸ translator, interpreter, UN staff

など

> 英語で情報を得ると同時に情報をあたえる場合もあるね。どの仕事でもさまざまな目的で英語を使っているから、答えは1つとは限らないよ。自由に考えて答えてみよう。

25ページ

❶ Philippines
❷ Hungary
❸ United States of America

27ページ

❶ sea otter
❷ Okinawa rail
❸ orangutan
❹ coral

37ページ

❶ education
❷ transportation
❸ fire fighting
❹ public health

Take Action 行動できる地球市民になろう

　世界には数多くの国や地域があり，そこに住む人々は，それぞれ異なる言葉や文化をもっています。しかし私たちは，言葉や文化はちがっても「地球」という1つの星に生まれ，共に生きる仲間です。今，世界は，戦争や人口の増加，気候変動，環境問題や感染症など，解決しなければならない数多くの課題をかかえています。地球に生きる人間は，これらの課題に，協力し合い立ち向かっていかなければなりません。

　まずは世界の課題を自分のこととして考え，身近な暮らしの中から解決に向けた行動を起こしてみましょう。そして次に，世界の人々と，言葉や文化のちがいをこえて課題の解決のために協力し合いましょう。"Global Citizens（地球市民）"とは，そのように行動する人のことをいいます。一人ひとりが地球市民として行動し，地球というかけがえのない場所を守っていきましょう。

「ピックアップページ」関連書籍

4月2日　国際子どもの本の日　10ページ
『つぎ、なにをよむ？　5・6年生』
秋山朋恵編　偕成社　2012年

4月6日　開発と平和のためのスポーツの国際デー　12ページ
『オリンピックまるわかり事典　大記録から2020年東京開催まで』
PHP研究所編　PHP研究所　2014年

4月22日　国際マザーアース・デー　14ページ
『ポプラディア大図鑑WONDA　地球』
斎藤靖二監修　ポプラ社　2014年

4月23日　英語デー　16ページ
『英語でわかる！　日本・世界』
松本美江著　少年写真新聞社　2015年

5月3日　世界報道自由デー　20ページ
『現場写真がいっぱい　現場で働く人たち　④報道現場』
こどもくらぶ編・著　あすなろ書房　2016年

5月15日　国際家族デー　22ページ
『戦場カメラマン渡部陽一が見た世界 ― 2家族』
渡部陽一著　くもん出版　2015年

5月21日　対話と発展のための世界文化多様性デー　24ページ
『ポプラディア情報館　世界の料理』
サカイ優佳子・田平恵美編　ポプラ社　2007年
『それ日本と逆!?　文化のちがい　習慣のちがい』全6巻
須藤健一監修　学研　2012年

5月22日　国際生物多様性の日　26ページ
『池上彰のニュースに登場する世界の環境問題　⑥動物の多様性』
池上彰監修　稲葉茂勝訳・文　アンジェラ・ロイストン原著　さ・え・ら書房　2010年
『なぜいろいろな生き物がいるの？　生物多様性の大研究　地球でともにくらす知恵をさぐろう！』小泉武栄監修　PHP研究所　2011年

6月8日　世界海の日　30ページ
『自然と人間　海は生きている』　富山和子著　講談社　2009年
『海まるごと大研究』全5巻
保坂直紀著　こどもくらぶ編　講談社　2016年

6月12日　児童労働に反対する世界デー　32ページ
『子どもたちにしあわせを運ぶチョコレート。― 世界から児童労働をなくす方法』　白木朋子著　合同出版　2015年
『きみが世界を変えるなら　世界を改革した子どもたち』
石井光太著　ポプラ社　2016年

6月20日　世界難民の日　34ページ
『ふるさとをさがして　難民のきもち、寄り添うきもち』
根本かおる著　学研　2012年
『ほんのすこしの勇気から　難民のオレアちゃんがおしえてくれたこと』　日本国連HCR協会ボランティア・絵本プロジェクトチーム著　日本国連HCR協会監修　求龍堂　2005年

6月23日　国連パブリック・サービス・デー　36ページ
『なりたい自分を見つける！　仕事の図鑑　⑨くらしと安全を支える仕事』［仕事の図鑑］編集委員会編　あかね書房　2007年

Teaching Guide
この本を指導にお使いになる方へ

トピックページについて

①子どもたちが興味をもったトピックについて，それがどのような日か，自由に想像しながら話し合うようにうながします。

②子どもたちが興味をもったトピックについて，図書館の本やインターネットなどを使って調べるようにうながします。

ピックアップページについて

● トピックの導入に使います。

どんな日？

①"What day is today?（今日はなんの日？）"あるいは，「○○の日ってどんな日だろう？」と，子どもたちに問いかけます。

②「この日について知っていることはあるかな？」と，子どもたちの知っていることを引き出します。

③「どんな日？」の文章を子どもたちといっしょに読みます。

Words & Expressions

①シロクマさんの言葉を使って子どもたちに問いかけ，答えを引き出します。子どもたちから出てくる答えは，日本語でもかまいません。

②挙げられている言葉や表現は，問いの答えです。子どもたちと声に出して読んでみましょう。

● トピックをテーマにした活動に使います。

Let's think!

①トピックについて考えるためのクイズや問いが示されています。ノートやふせんを使って，自由にアイデアを書くようにうながします。

②ペアになったりグループを作ったりして，アイデアを交流してもよいでしょう。

Let's act it out!

①子どもたちが自由なアイデアで作業できるようはげまします。

②成果物は掲示をしたり，それを使って友達や家族の前で発表する機会を設けたりするのもよいでしょう。

● トピックについての補足情報です。

More to know

①子どもに読むようにうながし，そこから想像できること，知りたいことなどを引き出します。

②興味をもったことがあれば，図書館の本やインターネットなどを使って調べるようにうながします。

子どもたちに，次のように英語で呼びかけてみましょう！

Let's say this in English.
これを英語で言ってみましょう。

It's OK to make mistakes.
まちがっても大丈夫。

Any questions?
何か質問は？

Make pairs (groups).
ペア（グループ）になって。

Let's play a game.
ゲームをしましょう。

Repeat after me.
私のあとについてくり返して。

Any volunteer?
だれかやってくれるかな？

Raise your hand.
手を挙げて。

Look at this.
これを見て。

4月2日 国際子どもの本の日　10ページ

Words & Expressions の問いに対するその他の回答例
picture book 絵本／anthology 詩集／cookbook 料理本／history book 歴史の本

Let's think! 他にも本の関わりについて，子どもと次のようなやり取りをするのもよいでしょう。
How many books do you read a month?
月になん冊くらい読みますか？
- I read about five books.
  5冊くらい読みます。
How often do you go to the library?
図書館には，どのくらい行きますか？
- A few times a month. 月に数回です。
- Once a week. 週に1回です。

Let's act it out! Book Reportに短く英語で感想を書く場合は，次のような表現が使えます。
interesting おもしろい／humorous ユーモアに富んだ／fantastic すばらしい／moving 感動的な

4月6日 開発と平和のためのスポーツの国際デー　12ページ

Words & Expressions の問いに対するその他の回答例
rugby ラグビー／gymnastics 体操／sailing ヨット／handball ハンドボール／judo 柔道／kendo 剣道／fencing フェンシング

Let's think! の問いに対するその他の回答例
Keeping the rules. ルールを守ること。
Supporting teammates. 仲間を支えること。
Cheering for good play. いいプレイをたたえること。

スポーツマンシップについて考えるとき，「近代オリンピックの父」とよばれるピエール・ド・クーベルタン氏の次の言葉を味わってみるのもよいでしょう。
The important thing in life is not the triumph but the struggle.
人生で大切なのは，勝つことではなく，努力することである。

4月22日 国際マザーアース・デー　14ページ

Words & Expressions の問いに対するその他の回答例
our home 私たちの家／blue planet 青い惑星／south and north poles 南極と北極

Let's think! のクイズに答えたあとで，さらに地球について本やインターネットなどで調べてみましょう。次のような，子どもたちが興味をもつような情報に出会うことができます。

・地球は，太陽から，生命が存在できるちょうどよい距離にある。
・木星などの大きな惑星が近くにあることで，さまざまな危険が回避されている。

Let's act it out! 地球の歴史について調べ，地球年表を作ることで，人類がいかに新しい存在であるかを感じることができるでしょう。

4月23日 英語デー　16ページ

Words & Expressions の問いに対するその他の回答例
shop clerk 店員／international lawyer 国際弁護士／hotel employee ホテルの従業員／diplomat 外交官／journalist ジャーナリスト／captain 船長

Let's think! 英語は lingua franca（異民族間のコミュニケーションを助ける共通語）として世界で重要な役割を担っています。しかし，重要な言語は英語だけではありません。日本にはさまざまな言語を母語とする外国籍の人々がおり，どの言語もコミュニケーションを助ける重要な言語です。「英語デー」をきっかけに他の言語への関心も引き出しましょう。

Let's act it out! のその他の答え方の例
I want to translate English picture books.
英語の絵本を翻訳したいです。
I want to be an astronaut.
宇宙飛行士になりたいです。

5月3日　世界報道自由デー　20ページ

World & Expressions の問いのあとに，ふだんどんなメディアからニュースを得ているかをたずねてみましょう。ここに挙げた言葉を使って答えることができます。

How do you usually get news?
いつもどんなふうにニュースを知りますか？
- **I get my news from TV.**
テレビで知ります。

Let's think! の問いに対するその他の回答例
We can't see the truth.
真実を見ることができません。
We can't hear their real voices.
本当の声を聞くことができません。

More to know ピューリッツァー賞を受賞した写真には，子どもたちの学びや関心につながるものが多くあります。その写真から何がわかるか，どんなことを知りたいか問いかけ，写真を読み取る力を育む活動をしてみるのもよいでしょう。

5月15日　国際家族デー　22ページ

World & Expressions の問いに対するその他の回答例
younger sister 妹／**younger brother** 弟／
older sister 姉／**older brother** 兄／
mother-in-law 義母／**father-in-law** 義父

Let's think! の問いに対するその他の回答例
We are talkative. 私たちはおしゃべりです。
We are active. 私たちは活動的です。
My family is close. 私の家族は仲がいいです。

Let's act it out! で使えるその他の表現例
This is my grandfather, Ichiro.
これは私のおじいさんの一郎です。
He is 70 years old.
70才です。
I'm proud of him.
おじいさんのことをほこりに思っています。

5月21日　対話と発展のための世界文化多様性デー　24ページ

World & Expressions の問いに対するその他の回答例
custom 習慣／**way of thinking** 考え方／
language 言語／**behavior** ふるまい方

Let's think! のクイズに答えたあとで，世界のその他のスープについても調べてみましょう。また，24ページに挙げた文化の例の中から1つ選んで，それについて，世界にはどんなものがあるのか調べてみるのもいいですね。

Let's act it out! で使えるその他の表現例
We use miso and vegetables.
私たちは，みそと野菜を使います。
Why don't you try some?
少し食べてみませんか？
Kimono is Japanese traditional clothing.
着物は日本の伝統的な衣服です。
Kendo is Japanese fencing.
剣道は日本のフェンシングです。

5月22日　国際生物多様性の日　26ページ

World & Expressions の問いに対するその他の回答例
butterfly チョウ／**eel** ウナギ／**gorilla** ゴリラ／
natto bacilli 納豆菌／**lactic acid bacteria** 乳酸菌

Let's think! に挙げた他に，絶滅の危機にある生物として，次のような生物が挙げられます。
rhinoceros サイ／**hippopotamus** カバ
（角や歯が高価な薬になるとされ，密猟される。）
African elephant アフリカゾウ
（きばが高価な装飾品になるため，乱獲される。）

また，日本の絶滅の危機にある生物について調べ，次のような表現を用いて紹介することもできます。
Iriomote cats are endangered in Japan.
日本では，イリオモテヤマネコが絶滅の危機にあります。

6月8日　世界海の日　30ページ

Words & Expressions の問いに対するその他の回答例
essence of life 生命の源／abundant 豊かな／
ever-changing 絶え間なく変わる／fearful おそろしい

Let's think! の問いに対する答えの例
Sea animals might eat waste by mistake.
海の生き物たちが，まちがえてごみを食べてしまうよ。
Sea animals might be in trouble.
海の生き物たちが，困ってしまうよ。

この状況を引き起こしたのがだれかを考えさせることで，次のような答えも出てくるかもしれません。
We are responsible.
私たちに責任があるよね。
We must clean the beach.
海岸をきれいにしなくちゃ。

Let's act it out! その他にも次のようなものを海岸で手に入れて，工作に使うこともできます。
driftwood 流木／bottle びん／shell 貝がら

6月12日　児童労働に反対する世界デー　32ページ

Words & Expressions の問いに対するその他の回答例
relaxation くつろぎ／recreation 娯楽／
physical health 体の健康

Let's think! の問いに対するその他の回答例
She must be tired. きっとつかれているよね。
She must be sad. （勉強できなくて）きっと悲しいよね。
It's too hard. 厳しすぎるよ。
It's too long. （仕事の時間が）長すぎるよ。

子どもたちに，自分の1日の過ごし方を時間に沿って書き出すようにうながしましょう。例に挙げた女の子の1日と比べることで，労働によって犠牲となっているものの大きさや児童労働の厳しさをより感じることができます。

6月20日　世界難民の日　34ページ

Words & Expressions の問いに対するその他の回答例
daily needs 日用品／information 情報／books 本／
stationery 文房具／blanket 毛布

Let's think! のその他の回答例
I want to play with my pet.
ペットと遊びたい。
I want to meet my friends.
友達に会いたい。

難民の子どもたちのことを想像するのは難しいかもしれません。その場合は，震災などで家をなくし，やむを得ず家族や友達と別れて暮らしている子どもたちのことを想像するところから始めてみましょう。また，難民のための寄付を受け付けている団体も数多くあります。それらについて調べ，自分たちにできることを考えてみるのもよいでしょう。

6月23日　国連パブリック・サービス・デー　36ページ

Words & Expressions の問いに対するその他の回答例
telecommunication 通信
waste management 廃棄物処理
oil and gas 石油やガスなどのエネルギー

Let's think! に挙げた他にも，例えば次のような職業を挙げ，同じように考えてみましょう。
I'm a librarian. (work for education)
私は図書館の司書です。（教育のために働く）
I'm a police officer. (work for police)
私は警察官です。（治安のために働く）

36ページの仕事に関連して，子どもたちと下のようなやり取りをすることもできます。
What kind of service are you interested in?
どの分野のサービスに興味がある？
- I'm interested in transportation.
　ぼくは交通機関に興味があります。

Word List 言葉の一覧

この本に出てくる主な英語を「物の名前を表す言葉」「動作を表す言葉」「様子や性質を表す言葉」の3つに分類し，それぞれアルファベット順に並べています。

物の名前を表す言葉

語	意味	ページ
adventure story	冒険小説	10
architecture	建築物	24
art	芸術	24
astronaut	宇宙飛行士	16
athlete	スポーツ選手	16
baobab tree	バオバブの木	26
baseball	野球	12
basketball	バスケットボール	12
bee	ミツバチ	26
biography(ies)	伝記	10, 11
book(s)	本	10, 11, 20
book report	本の記録	11
brother	兄・弟	22
bus driver	バスの運転手	37
cabin attendant	客室乗務員	16
capability	可能性	32
cat	ネコ	23
centipede	ムカデ	26
chance	機会	32
children	子どもたち	32
clothes	衣服	34
comic(s)	マンガ	10, 11
country	国	25
crab	カニ	26
creature(s)	生き物	14
crow	カラス	26
culture	文化, 文化的な活動	24, 25, 32
dictionary	辞書	10
doing our best	全力をつくすこと	13
dream	夢	17
Earth	地球	15, 26
education	教育	36
electricity	電気	36
encyclopedia	百科事典	10
entertainment	娯楽	24
example(s)	例	24
family(ies)	家族	23, 35
family member(s)	家族の一員	22
fantasy fiction	ファンタジー小説	10
fair play	フェアプレー	13
fashion	ファッション	24
father	父	22
feeling(s)	気持ち	35
fire fighter	消防士	37
fire fighting	消防	36
fish	魚	31
fishing line(s)	つり糸	31
flier	ちらし	20
food(s)	食べ物	24, 34
friend(s)	友達	23, 32
frog	カエル	26
glass	ガラス	31
grandfather	祖父	22
grandmother	祖母	22
gravity	重力	14
healthcare	医療	36
hope	希望	32
house	家	34
human(s)	人類	15
human being	人間	26
information	情報	17
Internet news	インターネットのニュース	20
interpreter	通訳者	16
job(s)	仕事	17, 34
jumping	ジャンプ	23
kelp	コンブ	26
kind(s)	種類	10, 11, 20
land	陸	14
library	図書館	37
life	生命, 生物	15, 31
lifestyle	生活様式	24
literature	文学	24
lizard	トカゲ	26
magazine	雑誌	20
map	地図	37
media	メディア	20
medical goods	医薬品	34
mental health	精神面における健康	32
miracle	奇跡	14
money	お金	34
moss	コケ	26
mother	母	22
mushroom	キノコ	26
music	音楽	24
mystery	推理小説	10
never giving up	あきらめないこと	13
newspaper	新聞	20
novel	小説	10
number(s)	数字	15
ocean	海	30, 31
oil	油	31
oxygen	酸素	14
panda	パンダ	26
parent	親	22
park(s)	公園	37
partner	パートナー	22
passport	パスポート	34
peace	平和	13
people	人々	17
pet	ペット	22, 23
pilot	パイロット	16
plastic(s)	プラスチック	31
police	治安	36
postal service	郵便	36
public health	公衆衛生	36
public health nurse	保健師	37
public service	公共のサービス	36
radio	ラジオ	20
refugee(s)	難民	34

英単語	意味	ページ
respecting each other おたがいを敬うこと		13
romance 恋愛小説		10
safety 安全		34
salmon サケ		26
school 学校		35, 37
science fiction SF小説		10, 11
sea 海		14, 31
ship 船		31
sibling 兄弟・姉妹		22
signboard 掲示板		20
singing 歌うこと		23
sister 姉・妹		22, 23
skating スケート		12
skiing スキー		12
smile ほほえみ		32
SNS ソーシャルネットワーキングサービス		20
soccer サッカー		12
soup(s) スープ		25
sport(s) スポーツ		12, 13, 24, 32
sportsmanship スポーツマンシップ		13
swimming 水泳		12
table tennis 卓球		12
teacher 教師		37
tennis テニス		12
the moon 月		14
the only one たった1つのもの		14
the solar system 太陽系		14
thought(s) 思い		35
time 時間		32
timeline 年表		15
today 今日		11
tourist guide ツアーガイド		16
town 町		37
track and field 陸上競技		12
trading company employee 貿易会社の従業員		16
traditional performing arts 伝統芸能		24
translator 翻訳者		16
transportation 交通		36
truth 本当のこと		21
TV テレビ		20
UN staff 国連のスタッフ		16
understanding 理解		34
universe 宇宙		14
volleyball バレーボール		12
war(s) 戦争		35
waste ごみ		31
water 水		34
water line 水道		36
water planet 水の惑星		14
whale クジラ		26
word(s) 言葉		14

動作を表す言葉

英単語	意味	ページ
appear 誕生する		15
communicate コミュニケイトする		17
describe 表現する		30
die 死ぬ		31
find out ～を知る		21
float うく		31
get 得る		17, 33
give あたえる		17
go 行く		35
go back home 家に帰る		35
happen 起こる		21
have ～がある		10, 11, 37
help 助ける		17, 35
imagine 想像する		15, 35
introduce 紹介する		23, 25
know 知る, 知っている		12, 15
lead つながる		13
leak もれる		31
like 好き		11
live ～にいる		26
look 見る		25, 31
lose 失う		32
make 作る		13, 15, 37
make craft(s) 工作する		31
misunderstand 誤解する		21
need 必要とする		16, 34
play 遊ぶ		32, 33
protect 守る		27
save 救う		31
sound ～に思われる		13
start 始める		11
stop やめる		35
study 勉強する		32, 33
tell 教える		17
think 思う		23, 31, 33
use 使う		17, 31
want ～したい		17, 31, 35
work 働く		17, 37
write 書く		11

様子や性質を表す言葉

英単語	意味	ページ
annoying うるさい		23
beautiful 美しい		30
blue 青い		30
calm おだやかな		30
clear 澄んだ		30
deep 深い		30
endangered 絶滅しそうな		27
exciting わくわくする		13
favorite お気に入りの		11
first 最初の		15
funny おもしろい		23
good 得意な		23
honest 正直な		23
large 大きい		15
new 新しい		13
nice すてきな		23
old ～才の		15
salty 塩からい		30
strict 厳しい		23
warm やさしい		23
wavy 波打つ		30
wide 広い		30
world-class 世界的な		16

著者

町田淳子（まちだじゅんこ）

ベルワークス主宰，小学校テーマ別英語教育研究会(ESTEEM) 代表。2010年より白梅学園大学非常勤講師。共著書に『あそびながらおぼえる はじめて英語ランド』全5巻(金の星社)，『小学校でやってみよう！ 英語で国際理解教育』全3巻(小学館)，『小学校英語の授業プラン つくって調べる地球環境』(小学館)，『小学校 テーマで学ぶ英語活動』BOOK1,2 (三友社出版)，『your world 英語テキスト』（子どもの未来社）などがある。

協力

加賀田哲也（かがたてつや）

大阪教育大学教授。光村図書中学校英語教科書『COLUMBUS 21』編集委員。専門は英語教育学。

- 装丁・デザイン●WILL（川島 梓）
- 表紙イラスト●寺山武士
- 本文イラスト●今井久恵
  - 石川元子／いわしまちあき／やまおかゆか
- 執筆協力●Heaven's Valley（森田 修）
- 英文校閲●Heaven's Valley（Malcolm Hendricks）
- 編集協力●WILL（片岡弘子，中越咲子，滝沢奈美，豊島杏実）
- DTP●WILL（小林真美，新井麻衣子）
- 校正●村井みちよ

〈主な参考資料〉
『1992年 ピュリツァー賞ー受賞者総覧ー』(教育社)／『暮らしの歳時記 365日「今日は何の日か？」事典』(講談社)／『きょうはこんな日 365』(国土社)／『ビジュアル版 世界のお祭り百科』(柊風舎)／『この日何の日 1億人のための366日使える話のネタ本』(秀和システム)／『春夏秋冬を楽しむ くらし歳時記』(成美堂出版)／『子供の科学★サイエンスブックス 消えゆく野生動物たち そのくらしと絶滅の理由がわかる絶滅危惧種図鑑』(誠文堂新光社)／『すぐに役立つ 366日記念日事典[改訂増補版]』(創元社)／『ジャッキー・ロビンソン 人種差別をのりこえたメジャーリーガー』(汐文社)／『家庭学習用 楽しく学ぶ 小学生の地図帳』(帝国書院)／『最新基本地図―世界・日本－[40訂版]』(帝国書院)／『音楽の366日話題事典』(東京堂出版)／『記念日・祝日の事典』(東京堂出版)／『絶滅危惧の野鳥事典』(東京堂出版)／『ピュリツァー賞 受賞写真 全記録 第2版』(日経ナショナル ジオグラフィック社)／『国際理解を深めよう！ 世界の祭り大図鑑 知らない文化・伝統・行事もいっぱい』(PHP研究所)／『このままで生き残れるの？ 世界の絶滅危機動物大研究 オランウータンからラッコまで』(PHP研究所)／『話のネタ365日［五訂版］今日は何の日』(PHP研究所)／『ビジュアル版 世界を動かした世界史有名人物事典 1000年―冒険家・発明家からアーティストまで』(PHP研究所)／『あなたの誕生日はこんな日 三六六日の文化人類学、生命科学、歴史学』(ブイツーソリューション)／『1年まるごと きょうはなんの日？』(文研出版)／『世界大百科事典』(平凡社)／『新きょうはなんの日？ 記念日・人物・できごと・祭り』(ポプラ社)／『日本と世界の365日なんでも大事典』(ポプラ社)／『ポプラディア情報館 国際組織』(ポプラ社)／『詳説世界史 改訂版』(山川出版社)／『知っておきたい 日本の年中行事事典』(吉川弘文館)／『世界の国々と祝日―その国は何を祝っているのか―』(理論社)

「一般社団法人 Jミルク」https://www.j-milk.jp/ 「一般社団法人 日本アマチュア無線連盟」http://www.jarl.org/ 「一般社団法人 日本国際児童図書評議会」http://www.jbby.org/ 「外務省」http://www.mofa.go.jp/ 「環境省」http://www.env.go.jp/ 「公益社団法人 青年海外協力協会(JOCA)」http://www.joca.or.jp/ 「公益財団法人 日本オリンピック委員会」http://www.joc.or.jp/ 「公益社団法人 日本看護協会」http://www.nurse.or.jp/ 「公益財団法人 日本博物館協会」https://www.j-muse.or.jp/index.php 「公益財団法人 日本盲導犬協会」https://www.moudouken.net/ 「公益財団法人 日本ユニセフ協会」http://www.unicef.or.jp/ 「公益社団法人 日本ユネスコ協会連盟」http://unesco.or.jp/ 「国際連合広報センター」http://www.unic.or.jp/ 「国立研究開発法人 宇宙航空研究開発機構(JAXA)」http://www.jaxa.jp/ 「国立研究開発法人 理化学研究所」http://www.riken.jp/ 「特定非営利活動法人 国連 UNHCR 協会」http://japanforunhcr.org/ 「総務省統計局」http://www.stat.go.jp/ 「独立行政法人 日本貿易振興機構(JETRO)」https://www.jetro.go.jp/ 「広島市安佐動物公園」http://www.asazoo.jp/ 「Encyclopædia Britannica」https://global.britannica.com/ 「Encyclopedia.com」http://www.encyclopedia.com/ 「Food and Agriculture Organization of the United Nations」http://www.fao.org/home/en/ 「International Labour Organization」http://www.ilo.org/ 「The IUCN Red List of Threatened Species」http://www.iucnredlist.org 「The United Nations High Commissioner for Refugees」http://www.unhcr.org/ 「United Nations」http://www.un.org/ 「United Nations Children's Fund」http://www.unicef.org/ 「United Nations Educational, Scientific and Cultural Organization」http://en.unesco.org/ 「United Nations Environment Programme」http://www.unep.org/ 「World Health Organization」http://www.who.int/en/

その他，各国大使館，各国政府観光局，ならびに関係する諸団体のウェブサイトを参考にしました。

〈写真〉アマナイメージズ／gettyimages／iStockphoto／photolibrary／shutterstock

---

英語で学び，考える 今日は何の日 around the world
世界のトピック 4月 5月 6月

2016年11月29日 第1刷発行

著 者	町田淳子
発行者	時枝良次
発行所	光村教育図書株式会社 〒141-0031 東京都品川区西五反田2-27-4 TEL 03-3779-0581（代表） FAX 03-3779-0266 http://www.mitsumura-kyouiku.co.jp/
印 刷	三美印刷株式会社
製 本	株式会社 難波製本

ISBN978-4-89572-958-1 C8082 NDC830

48p 27×22cm

Published by Mitsumura Educational Co.,Ltd.Tokyo, Japan

本書の無断複写（コピー）は，著作権法上での例外を除き禁止されています。

落丁本・乱丁本は，お手数ながら小社製作部宛てお送りください。送料は小社負担にてお取替えいたします。

Useful English Expressions
役立つ英語表現

自己紹介

Hi, I'm James.
やあ、ぼくはジェームズです。
I'm from Australia.
オーストラリアから来ました。
Nice to meet you.
初めまして。
Call me Jim.
ジムと呼んでね。

Hello.
こんにちは。
My name is Rika.
私の名前はりかです。
I like playing soccer.
サッカーをするのが好きです。
Great to meet you.
よろしくお願いします。

あいさつ

Good morning.
おはよう。

Good afternoon.
こんにちは。

Good evening.
こんばんは。

How are you?
お元気ですか？

Fine, thank you.
はい、ありがとう。

How have you been?
どうしてた？

Good!
元気だったよ！

Have a nice day!
よい一日を！

Good to see you.
会えてうれしいね。

Bye!
さようなら！

See you!
またね！

Take care!
体に気をつけてね！

Nice meeting you.
会えてよかった。

I had a good time.
楽しかった。

Good night.
おやすみなさい。

英語で学び、考える　**今日は何の日** around the world　全4巻